AMANDLA EMBONGI

MENZI Z. THANGO

IZINKONDLO ZESIZULU

Bhiyoza Publishers (Pty) Ltd

AMANDLA EMBONGI
(The Power of the Poet)

Bhiyoza Publishers (Pty) Ltd

Johannesburg, South Africa

Bhiyoza Publishers (Pty) Ltd
PO Box 1139
Ridgeway
2099

Email: info@bhiyozapublishers.co.za
www.bhiyozapublishers.co.za

First edition, first impression 2019
ISBN: 978-0-6399730-2-9

Cover design: Suide-Wolde Digital (Pty) Ltd
Layout and typeset: Suide-Worlde Digital (Pty) Ltd

Isethulo

Kuwena Somandla
Mdali wezulu nomhlaba
Mlimi wensimu engumuntu
Msunguli wezinto zonke
Mvuli masango
Mpheki wembiza
Imbiza eyimbongi
Imbongi yesizwe
Ephekelwe isizwe
Eqeqeshelwe isizwe
Ukuba sidle sondleke
Sithole iziyalo
Sithole umfutho
Sithole ushintsho
Ushintsho empilweni
Ushintsho emphakathini.
Somandla!
Wena ongabonwayo,
Sibonga amandla
Owawanika imbongi
Ukuba yexwayise,
Ukuba yeluleke,
Ukuba ikhuthaze,
Ukuba ikhuze
Lesi sizwe sakho,
Ukuze sikhule sidlondlobale.

Okuqukethwe

Izihloko   **Ikhasi**

1. Isitaputapu... 1
2. Ezakwamhlaba...2
3. Imbali...3
4. Moto yami...4
5. Sihlakaniphi ndini!.. 5
6. Thambo lami..6
7. Qhawe lakithi..7
8. ElikaMjokwane kaNdaba..................................... 8
9. Mxhumanisi..10
10. Udwendwe...11
11. Amanga...13
12. Inhliziyo emnene.. 15
13. Mbulali...16
14. Mancishana..17
15. Ezikhungweni zeMfundo Ephakeme.....................18
16. Muva nje..19
17. Inkunzi emidwayidwa.......................................20
18. Izindlela zimhlophe... 22
19. Inkolo eyani kanti?.. 23
20. Halala thishela!.. 26
21. Awunambeko.. 28
22. Isonto lamanyala...30
23. Emaqwadasini...33
24. Ubuvila... 34
25. Mfundisi wami...35
26. Izwe elisha...37
27. Awubuye umhlaba.. 38
28. Ngiyazisa Jesu.. 39
29. Ukhwantalala..40
30. Ubumnandi.. 41
31. Onogada..42
32. Ndlu yakithi..44
33. Hawu ntombazane!...45
34. Lala ngoxolo...46
35. Siyaphi kanti bakwethu?....................................48

36. Uyazilobola?..49
37. Exhibeni..50
38. Ngake ngavelelwa njalo...................51
39. Ungcolile wena!..............................54
40. Mkhululi...55
41. Inhliziyo...56
42. IZihlalo..57
43. Sozimoshwali.................................58
44. Noma ungasihushula.....................59
45. Ibhodwe elivuthwayo.....................61
46. Imbewu Yesizwe.............................63
47. Ithemba kalibulali..........................65
48. Izivunguvungu................................66
49. Thula ungakhali!............................67
50. Mbongi...68

1. Isitaputapu

Umlomo ngathi yincwincwi
Ugcwele isitaputapu
Amafutha enyoka
Umlomo obomvu tebhu,
Amehlo athwizile
Amashiya athwiziwe
Izinkophe zokufakelwa,
Uthi uzenza muhle,
Kanti uyaziqedela okokugcina,
Ufihla ubuhle bakho
Ukhipha ubuhle bendalo,
Ufaka obokwenziwa,
Obungakufaneli nokho,
Usuvele waphenduka isichuse,
Sona esenziwa umuntu,
Kube kungesuye
Nezinyoni sezize zabona
Ukuthi kudlalwa ngathi lapha
Akusuye umuntu lona
Zigibela phezu kwekhanda,
Zidlalele khona.

2. Ezakwamhlaba

Ulobola ngezinkulungwane
Ezingama- 80,
Wenza umshado kanokusho,
Odla izinkulungwane eziyikhulu neshumi nanhlanu,
Uthenga indlu,
Ikhaya elisha,
Elidla izigidi ezimbili
Uthenga imoto kanokusho,
Edla izinkulungwane ezingamashumi amane,
Ekugcineni nixatshaniswe umqhafazo,
Umqhafazo obiza amasente amahlanu,
Amasente amahlanu nje vo,
Hawu! Kodwa bakithi!
Alikho iqiniso emhlabeni,
Nichitha imali engaka!
Nijabulisana,
Kepha nehlukaniswa unsumbulwana nje,
Cha ngigez' izandla.

3. Imbali

Imbali yekhethelo
Engahlalwa mpukane,
Engahlalwa miyane,
Ehlalwa zinyosi kuphela,
Zona ezakha uju
Uju olumtoti,
Yaze yayinhle imbali
Imhlophe qwa
Ibumbeke kahle
Imile emhlabathini ovundile,
Umhlabathi ononile
Onone ngemvundo
Imvundo yaphakade
Imvundo yobuntu
Imvundo yobuhle
Imvundo yozwano
Yaze yayinhle imbali!
Uyibuka ungaqedi
Uyibuka umamatheke
Akubona ubuhle bembali lobu!
Ubuhle beqiniso.

4. Moto yami

Moto kanokusho!
Ungithatha ungibeke
Ngifaka ukhiye
Wamukele ngokushesha,
Kawusona isikorokoro,
Uvutha bhe!
Udla amagalane
Endleleni ushiya kwasani
Nxa usuduma,
Kuthi cosololo!
Kuthi mangigiye
Ngikubongele,
Ngithi wamuhle ntombi!
Gegelegege ntombi
Nongenabhasikidi uyangena emakethe,
Nongenamazinyo uyayidla inyama,
Nongenamali uyawuphuza ubhiya,
Siphalaphala sami,
Moto yekhethelo,
Moto yegolide,
Awuthengwa uwonkewonke,
Uthengwa yiziqumama,
Omacaphuna kusale othandweni,
Omathanda kuzwakale
Kucinane ohlwibi,
Kukhale izikhova.

5. Sihlakaniphi ndini!

Kwas' uphandle
Ungalele,
Abanye belele
Wazibona ungohlakaniphileyo,
Uhlakaniphe nganxanye,
Ingqondo ngeyenkukhu,
Ithatha kancane,
Isebenza ngamalahle,
Nxa ecima,
Nayo iyacima,
Wehlulwa yimpilo,
Ngenxa yengqino,
Ingqino kaJeneta
Owalala namaqhokisi embhedeni,
Isicefe sempela,
Impukane,
Isivakashi esingamenywa,
Umiyane!
Iphela endlebeni!
Uyacika!
Ucika imizwa yami
Ucika inhliziyo yami.

6. Thambo lami

Thambo lekhentakhi-
Thambo lechogo,
Nxa ngikubheka,
Kuvele kuthi bani kimi,
Kubanika imizwa
Imizwa yenjabulo
Imizwa yenkuthalo
Inkuthalo yenkwezelo
Inkwezelo yaleli khaya,
Ikhaya elifudumele,
Ikhaya lentokozo,
Intokozo yababili,
Intokozo yezandla
Izandla ezibambisene
Ekwakheni ikhaya
Ikhaya lothando
Ikhaya lesizwe
Isizwe esizayo
Esivelela ukwandisa uzwano,
Uzwano lwaphakade
Ze kwande uthando,
Uthando lweqiniso.

7. Qhawe lakithi

Qhawe lakwaZulu
Meluleki kaZulu
Siseko sikaZulu
Mphathi wenkezo kaZulu
Mkhuthazi wamasiko
Amasiko esizwe
Isizwe esidala
Isizwe esisha.

Wena wakoMnyamana
Shenge kaNgqengelele,
Mntwana wakwaPhindangene,
Kusukela ngesikhathi sobandlululo,
Isikhathi sondlebe zikhany' ilanga,
Isikhathi sezabelo,
Wammela uZulu
Wazimela izidingo zesizwe,
Wama uZulu wathuthuka
Ngenxa yegalelo lakho,
Usebenzisa ubunyoninco bakho
Iso lokukhalipha
Sithi halala!
Mana njalo!
Uze ungakhathali!
Qhawe lamaQhawe,
Uyibekile induku ebandla.

8. ElikaMjokwane kaNdaba

Lafa elakithi sibhekile,
Amehlo ayabona
Inhliziyo iyathuthumela,
Izandla zifaswe ngozankosi,
Uma uke wavula umlomo
Naba omalume,
Bakubamba bakwetshathe,
Uyoshiya elokugcina,
Bahambe beyosithela nawe
Uthi ucela ushwele
Ukhahlelwe ngeguzu
Pho siyabuka
Ngeke sisho lutho
Abomdabu abanakwa
Kuthiwa bayatetema,
Abokufika bona yizitatanyiswa
Izikhundla ngezabo
Imisebenzi ngeyabo
Abanikazi bekhaya bona lutho
Oh! Saze salayeka
Liyafa elakithi madoda
Sidlala izifiki
Zibhidliza imizi yobaba
Odadewethu sebephenduke izilima
Izilima zezivakashi
Nxa befuna umsebenzi
Kulalwa nabo
Abesilisa sebefela lokho
Nxa bona befuna umsebenzi
Kudlalwa ngabo
Banikwa amathuba esikhashana
Nxa bekhuza umhlola,
Bayethuswa,
Kuthiwe lizophela itoho,
Kumele bathule,

8

Bangakhonondi,
Ze bezoqhubeka netoho.

Wake wakuzwaphi lokhu?
Ukuthi uncikiselwe kini,
Udle ngokuphiwa
Udle ngokuncikiselwa
Uma ukhala unganakwa,
Cha kunzima bakithi
Itshe limi ngothi
Impela kudlaliwe ngathi
Siyoyicela ivuthiwe!

9. Mxhumanisi

Mphendli wenyathuko
Mvuli masango
Mphathi wesikhiye
Isikhiye segolide
Esivula iminyango
Iminyango yenxuluma
Inxuluma loSolwazi
Inxuluma loDokotela
Lapho behlezi benethezekile
Bezitika ngolwazi
Ulwazi olujiyile
Ulwazi lwezingwazi
Ezigwaza ziphindelela
Ngeklwa lakwaMfundo,
We ntokazi!
Wangivula amehlo
Wangibonisa indlela
Indlela yakwaLwazi
Indlela yocwaningo
Ucwaningo lokufunda nokufundisa
Kwasuka inkwethu
Ngabona izimpukane
Ngithi unwele olude
Wena Sithole sako-Bernard
Inhliziyo yakho ibanzi
Izandla zakho zihlanzekile,
Ngithi qhubeka njalo,
Ungadikibali,
Okwenze kimi,
Ukwenze nakwabanye.

10. Udwendwe

Halala ntokazi yakithi!
Usuyibekile induku ebandla
Usuyivulile indlela
Nabebebuka luvindi sebeyabona
Nabebenganaso isibindi sebenaso
Kwazise ubavulele indlela,
Yavuleka kwakhanya bha!
Ngodwendwe lwakho nje
Ogwala baphenduke osibindi
Halala dade!
Usunqobile wena
Ngibona ngophaphe lwegwalagwala
Ngibona ngabagiyayo
Ngibona ngabakikizayo
Ngibona ngabakhothile
Ngibona ngabayendezelayo
Kujatshulwe,
Kusindwe ngobethole,
Intombi iphume phambili
Yabuya nophumulawe,
Yabuya ihlobile
Ihlobe ngemiphumela ejabulisayo
Ikhaya lahlokoma
Inhlokomo yenjabulo
Injabulo yobuqhawekazi
Bokunqoba ngosiba
Kwachitheka igazi
Ingwazi isigwaza
Igwaza ngeklwa
Iklwa elingaveli kwaMhlaba
Elivela kwaZulu
Iklwa elingabonwa
Kuphela yimisebenzi yalo
Kushukuma izizwe
Zishukunyiswa yileli klwa

11

Iklwa lokukhalipha
Iklwa lokucubungula
Iklwa lokuhlaziya
Iklwa eligwaza kuzwakale
Kudindilize izinsizwa nezintombi
Kuchitheke igazi
Igazi lokungazi
Kusale amaqhawe namaqhawekazi.

11. Amanga

Aze anejubane amanga
Amanga umlilo wamaphepha
Amanga yiwo phambili
Aphuma manje
Ubone nankaya ngejubane
Esejahe ukuyozwakala phambili,
Abhixe abantu
Baxabane bodwa
Balwe bodwa
Kuchitheke igazi
Baxabane abantu
Kungangenelwana,
Umfundisi akhohlise abantu
Nabo bakhohliseke
Uthisha afundise okungeyikho
Kungene ngokushesha kumfundi,
Umxabanisi akhulume amanga
Bamkholwe ngokushesha,
Insizwa yeshele ngamanga
Intombi ivume
Kuyothi ekugcineni
Bese luza unwabu
Luvelela kude
Lungabonakali,
Lushaya kancane
Lushaya ngesizotha
Lungajahe lutho
Luphike ngokuthi luzofika
Luyothi lungafika
Kuqhashe izinhlansi,
Omangose bahlahle amehlo
Amanga aphume eqhasha
Kungene uQiniso
Amahlazo avele obala
Izitha zikhexe imilomo

13

Kukhunyelwane umlotha
Kugcwale umoya wobuntu,
Umoya wobunye
Umoya weqiniso
Umoya wozwano
Amanga afake umsila ngaphansi
Eswele umgodi wokucasha.

12. Inhliziyo emnene

Yaze yayinhle inhliziyo
Ngaphandle umhlophe
Ngaphakathi umnyama
Ungundlebe zikhany' ilanga ngaphandle
Ngaphakathi ungumuntu omnyama
Inhliziyo yakho imnene
Unozwelo
Unobuntu
Izandla zakho zihlanzekile
Ubamba konke
Ngezandla ezifanele,
Usufana nomnsinsi wokuzimilela
Kuleli lengabadi,
Ngesizotha nangobuntu,
Kwazise Ubuntu obakithi
Obase-Afrika,
Yithi abantu
Sivela kuNtu,
Yithi Ubuntu,
Yithi isizotha,
Yithi inhlonipho.

13. Mbulali

Awunanembeza
AwunaJesu
Kuthini kuwe?
Nxa uthatha iklwa
Uyogwaza umuntu
Kuthini kuwe?
Nxa uthatha izulu lezandla
Ulibhekisa ngakumuntu,
Unomuntu wakho wena?
Wake wamdala umuntu?
Uyazi khona ukuthi udalwa kanjani?
UsunguMdali wena?
Ubani omdala itshwele neqanda?
Iqanda lingalibulala itshwele?
Itshwele lingalibulala iqanda?
Awusuye umuntu wena!
Ubulala inzala-bantu,
Ubulala izimbali zesizwe
Ubulala isizukulwane
Ungumbulali wena
Ufanelwe yisihogo
Inhliziyo yakho ivuza igazi
Ubolile mbulali ndini!

14. Mancishana

Ukuncishana okuvelaphi lokhu?
Amadoda amadala
Izimpunga uqobo lwazo
Zimema abantu
Zithi zenza umcimbi
Kepha kudla zona
Inyama idliwa ngephunga
Abantu abaphiwa lutho
Kanti babizweleni?
Nanka amagovu bo!
Azivalela ekamelweni
Adla wodwa
Inyama ingena ngogqoko
Utshwala buza ngomancishana
Amabhodwe agadiwe
Bahamba ngesinyelela,
Bavele bathi nyomu
Sebeyongena ekamelweni,
Sekuyodliwa phela,
Abantu bashiywe kanjalo,
Laze lafa elikaMthaniya,
Emizini yabanumzane sekuyalanjwa
Akusafinywa ngendololwane
Kazi basabizwelani abantu?
Uma bezoncishwa.

17

15. Ezikhungweni zeMfundo Ephakeme

Kwelezincithabuchopho
Kwelezinjulalulwazi,
KweloSolwazi
Kwelodokotela,
Kwelabacwaningi,
Kudliwa incwadi kuphela
Kuyaphekwa kuyadidiyelwa,
Kuphume isitshulu sekhethelo,
Isitshulu esingathengwa ndawo,
Sitholakala lapha kuphela,
Kusinwa kudedelwane,
Kuhaywe inkondlo
Inkondlo yesihluthulelo sempilo,
Inkondlo yekusasa laphakade,
Kugcizelelwe injulo
Injulo yocwaningo
Ucwaningo ngezwe,
Ucwaningo ngabantu,
Ucwaningo ngomhlaba jikelele,
Ucwaningo ngosikompilo,
Ze kuphume izisombululo
Kuphume iziyalo
Kuvele amacebo amasha.

16. Muva nje

Muva nje
Imfundo isinepolitiki
OSolwazi bamonelana bodwa
Odokotela bamonelana bodwa
Abacwaningi badicilelana phansi
Abagqugquzeli bacindezela abafundi babo
Abafundi bomile
Bomele ulwazi
Abagqugquzeli bona banezinjongo zabo
Izinjongo zabo kuphela
Izinjongo zabafundi
Zona kazisho lutho kubo
Ohhe! Yangena inkomo ensimini
Umgqugquzeli usebona umfundi njengesithikamezi,
Ukuthikameza kanjani kodwa umfundi?
Ekubeni unguSolwazi?
Ukuphazamisa kuphi nje umfundi?
Ngoba ungaphezulu kwakhe
Uncela kuwe ulwazi
Hawu! Ndlu yakithi!
Phucuzeka bakithi
Yekela umona!
Usukhohliwe ukuthi izandla ziyagezana?

17. Inkunzi emidwayidwa

Ngiyinkunzi emidwayidwa
Umakade ebona
Ngabona nokungabonwayo
Okubonwa ngabafileyo kuphela
Ngakubona maqede ngama isibindi,
Kwaphela ingebhe
Kwasala isibindi
Kudala ngilwa
Kudala ngishaywa
Ngishayelwa okwami
Kuhle kwenkomo
Eshayelwa ubisi lwayo
Kuphela ngimi isibindi
Kangesabi lutho
Ngingumadlula kuvaliwe,
Ngithinta kanye kuvuleke gengelezi umnyango,
Emuva kwalokho zinginethe,
Sebefikile omonase,
Abanye bephethe amawisa
Abanye izagila
Abanye amazembe
Abanye imikhonto
Bathi bayashaya,
Isikhuni sibuye nomkhwezeli,
Lapho ngihleke kakhulu
Bacabanga ukuthi ngiwubhatata,
Kanti phinde!
Ngaphekwa mina
Ngaphekwa kwaZulu
Ngiphekelwa le mpi
Impi yomcebo
Umcebo waphakade
Umcebo ongakhendlelwa
Umcebo wemvelo,
Imvelo yasezulwini,

Pho bazongenzani onontandakubukwa?
Ngoba ngihlomile
Ngihlome ngiyizingovolo,
Ngiphethe izikhali
Engaziphiwa kwaZulu
Angizitholanga kwaMhlaba,
Ngeza nazo ngizifumbethe,
Angisoze ngehlukana nazo,
Ngezami futhi zikimi,
Ngiyinkunzi emidwayidwa,
Emhlane nginamanxeba,
Ekhanda nginezingozi,
Ebusweni nginezibazi,
Ngilwa impi yakwaMhlaba,
Ngilwa neziqhwaga zakhona,
Sibanga leli golide engilifumbethe,
Ngiyatibula nalo,
Angivumi nalo,
Ngoba lingelami,
Mina nalo singamathe nolimi,
Siyizithupha ziya ogwayini.

18. Izindlela zimhlophe

Ngivela kude
Kwelikafukwe,
Kwelezinyembezi,
Ngilwa,
Ngilwela ikusasa lami,
Emile umuntu
Evimbe indlela yami,
Ngalwa kwacaca
Kwadilika izindonga,
Kuhle kwezindonga zaseJerikho,
Ngakhala kwezwakala,
Ngesulwa izinyembezi,
Ngesulwa yizingwazi,
Izingwazi zako-Unisa
Zangincelisa kweyazo,
Imibele egwansile,
Ngancela iziyalo,
Ngancela imibono
Imibono yaphakade,
Ngayithatha ngayisebenzisa,
Yasebenza kwenanela uZulu,
Ngezwa kuvunguza umoya wethemba,
Umoya wekusasa eliqhakazile,
Kwashabalala inhlupheko,
Inhlupheko yakoNyuvesi,
Inhlupheko yokwethekela ulwazi,
Inhlansi yethemba yavuka
Kwaphela ukulokoza,
Kwakhanya bha!

19. Inkolo eyani kanti?

Okwani ukukholwa?
Uma ububha bungapheli,
Okwani ukukholwa?
Uma indlala idlangile,
Okwani ukukholwa?
Uma ubugebengu buyinsakavukela
Umchilo wesidwaba,
Okwani ukukholwa?
Uma umnotho ukwabathile,
Kepha abahlali befa
Bebulawa yindlala bengasebenzi,
Nxa besebenza,
Banikwa onsumbulwana.

Naba abafundisi
Bashumayela baze bakhale,
Bazibhuquze phansi
Bebabaza ubukhulu bukaJesu
Kepha ababashumayezayo
Impilo yabo ayiguquki
Kuthiwa abanikele
Kuthiwa abazile ukudla
Nabo banikele bandla
Kuvele elomhlathi kumfundisi
Phela iyangena imali
Nemanzi yakhe ayisaculi go,
Isikhipha ikhono lonke,
Ikhono elingaziwa
Ngenxa yemali.

Cha aninaJehova bafundisi
Nidla izizumbulu
Abantu bayalamba
Niwenzelani umphakathi lona?

23

Nithi awuthandaze?
Uthandaze kanjani ulambile?
Wena ungathandaza ulambile?
Njengoba unomkhaba ongaka nje?
Isigubhu matansolo
Amakapakana.

Ezindlini zokukhonza uJehova
Kuqhutshwa amabhizinisi
Abafundisi bakhuluma ulimi lwemali
Bakhohliwe abakubizelwe
Bakhohliwe abakuthunyiwe
Ubufundisi buyathengwa kwamanye amasonto
Ubona imihlola
Imali ithwalwa ngemigqomo
Amehlo ashintshe abe bomvu tebhu kubafundisi,
Bonke babhekile,
Kuphele nobuthongo kwabebelele.

Ohhe! Isizwe sikaJehova silahliwe!
Isizwe sakithi
Nxa sikhononda
Kuthiwa asithandaze,
Sibheke phezulu,
Kazi yini umsebenzi wakho mfundisi?

Yini umsebenzi wesonto?
Yini umsebenzi wenkolo?
Kungani abantu kumele bakholwe?
Kungani kumele abantu bakithi bahlupheke?
Inkolo ibasiza ngani?
Uma abayiphethe bengazinaki izidingo zabantu,
Izidingo zomphakathi azisho lutho kubafundisi,
Abafundisi bazinake bona kuphela,
Basebenzisa izwi likaJehova
Ukufeza izinhloso zabo,

24

Ngapha abantu balambile,
Bondlana nabafundisi,
Amasonto asephenduke izinkampani,
Omunye nomunye uvula elakhe,
Inhloso yimali phela,
Imiphefumulo yabantu ayisho lutho kubo,
Izidingo zabantu azisho lutho kubo.

Ohhe! Ngenelela Jehova,
Nakhu sibhekene nengwadla,
Siyaqolwa sibhekile
Nazi izimbungulu
Zisimunca igazi,
Sikhuthuzwa ngegama lakho
Ungafunga ukuthi sibusiswa yibo,
Bazenza Wena Simakade,
Abanye bafuna sibakhonze,
Abanye bafuna situse bona
Abanye basisusa kuwe,
Basakhele kubo,
Abanye batusana bodwa
Uphuma endlini
Uthi uya esontweni
Kanti awubuzanga elangeni,
Uya ebhange,
Uyokhokhela izikweletu,
Izikweletu ongazazi,
Uyothenga izibusiso,
Uyokondla umndeni wenye indoda,
Sale usubuya Nkosi Jesu!
Nakhu kudlalwa ngathi sibhekile.

20. Halala thishela!

Halala thishela!
Bathi bayakuvimba,
Uyavula, uyangena
Ungena nezicabha
Baphakamisa isiLungu
Wena uphakamisa olwasekhaya
Uphakamisa olomdabu
Bakuvimbe ngemali
Bakuvimbe ngezinsiza
Uqhubeka kunjalo.

Into engiyibona lapha
Yinto yokunconywa
Ngibona abafana namantombazane
Bengenela umncintiswano ngezilimi zabo
AmaZulu ngesiZulu,
AbeSuthu ngesiSuthu,
Bangena ngesipelingi,
Bangena ngokuhlaziya imibhalo,
Bangena ngendlamu,
Bangena ngomculo,
Kumnandi kunjeyaya,
Kuqhuma uhleko
Kukhala ihlombe,
Kuyakikizwa,
Ngolimi lomdabu belu
Ulimi lwakithi phela,
Umnotho wesizwe.

Yinhle lento
Ngibona ikusasa eliqhakazile,
Nxa izingane zikhuthazwa ngokukhuluma izilimi zazo
Ohhe! Ngibona abenyelayo,
Benyeliswa yilo mkhumbi,

Umkhumbi wase-Afrikha,
Umkhumbi wezilimi zomdabu,
Umkhumbi ongaziki nhlobo,
Okwala noma bewuzikisa,
Pho kuyala!
Kwazise ushayelwa yizingqungqulu,
Othisha uqobo lwabo,
Izifundiswa zakithi.

Ngithi kuwena thisha
Qhubeka!
Ungadikibali!
Fundisa ulimi lomdabu
Khuluma ulimi lomdabu
Khuthaza abafundi
Ze bangalibali,
Ulimi lungumgogodla wempilo
Luqukethe ubuwena,
Nxa ungum-Afrikha,
Luqukethe ubu-Afrikha,
Luqukethe amagugu
Amagugu ase-Afrikha phela,
Ngithi igalelo lakho libonakele,
Eyakho indima uyidlalile,
Uyidlale uvinjelwa,
Kuthathwe izinsiza zakho,
Zinikezwe izilimi zaseNtshonalanga
Kepha awuzange udikibale,
Unwele olude
Wena wakoMfundo
Wena wakwaNgqond'ebanzi,
Dokotela wengqondo,
Ingqondo engaziboni izimpukane.

21. Awunambeko

Ha! Awunambeko!
Ungena endlini ungangqongqozanga
Ungena uyama ngezinyawo
Ungena ushaya umthetho
Ungena uphenduka inhloko yekhaya
Uyalazi lona leli khaya ukuthi lisukaphi?
Ukuthi lakhiwa kanjani?
Uyazazi zona izithukuthuku ezawa ziwela leli khaya?
Wena osungena ulihlwitha,
Impela uyisidlova sengane wena,
Nalapho osuka khona badelile nguwe
Uthola kunezingane zaleli khaya
Ufika uyazixosha
Ulanda ezakini
Uzifuhlela ekhaya ongalisebenzelanga
Ikhaya ongalakhanga
Ushaya umthetho wakho,
Udla ifa ongalazi
Ifa ongalijulukelanga
Uyindoda enjani kanti?
Kawufundiswanga yini?
Lapho ophuma khona?
Ukuthi impahla yomuntu iyahlonishwa?
Awazi ukuthi into yomuntu umhluzi wempisi?
Ihe! Siyoyicela ivuthiwe,
Uyokhala kuhle kosana
Ayakuzulela amanqe wena,
Ngikutshela indaba ongayibuzanga,
Uyobhonga kuhle kwenkunzi
Lapho selidume ledlula
Uyothi unamashwa
Uyosukela izimbuzi uzibulale
Kanti inking'ikuwe,
Akusikho kini lapha,
Umuzi wabantu lona

28

Umuzi womnumzane lona,
Hlonipha uthobele umthetho,
Ungqongqoze uzovulelwa,
Ungazingeneli nje,
Ngoba uzokubona okwabonwa uSawuli eDamaseku,
Ngiyakutshela wemfokazi ndini.

22. Isonto lamanyala

Ngakubona ngakubeletha,
Yonke le minyaka
Ngithule ngiyabuka
Ngithi ngiyakhonza
Kanti ngikhonza unodoli
Unodoli wezidwedwe
Abafundisi bamanga
Abazalwane bamanga
Imfundiso yamanga.

Hawu! Nikhohlakele
Nithi nithunyiwe
Kanti ninamanga
Nidlala ngabantu
Nibashumayeza ngobunina
Nibashumayeza ngebandla
Imfundiso yenu libandla
Ibhayibheli umhlobiso
Alifundwa nhlobo
Kuqanjwa amanga
Cha liyabhubha
Angikaze ngikubone okunjena,
Ngigeza izandla njengoPilatu.

Okungabafanyana kugijimisa udumo,
Kugijimisa izikhundla
Okungamantombazane kubona amasoka
Kuyaqonywana,
Hho! Yimikhuba lena,
Kuyabanjwana,
Kuyadanswa,
Omunye nowakhe,
Ikhehla kalikho lapha,
Ugogo akekho lapha,
Abantu abasha kuphela.

Eyemali angisayiphathi,
Imali ifunwa ngenkani,
Abafundisi bancamela ukunciphisa
Esikhathini sentshumayelo,
Ngoba bejahe ukukhuluma ngemali
Bathi izibusiso ziyathengwa,
Bathi uNkulunkulu ufuna imali
Hehehe! Angihleki ngiyalinganisa,
Uzoyenzani imali uJehova?
Nazi izigilamkhuba bo!
Niqambela ubaba amanga!
Imali ifunwa yini nje,
Nifuna ukondliwa yibandla
Niyeka imisebenzi,
Nicothele imali yebandla,
Hawu! Sale usubuya Jesu!

Abazalwane bancamela amanga
Balahlane,
Ngenxa yezikhundla,
Bahlangana ngomunye wabo,
Ze bezomketula
Bathathe isikhundla.

Ngiyazisa Jehova,
Ngegama lakho
Elifakwa odakeni
Kwenziwa yonke le mikhuba
Egameni lakho
Abantu beza esontweni,
Bangakutholi abakuzele esontweni,
Cha angisazi uma kunje!
Osopolitiki esontweni!
Bazokhankasa!
Imali igcwaliswa imiphongolo,
Bathi umphongolo wesivumelwano,
Kazi sivumelwano siphi? Nobani?

Ngoba akuvunyelwana emalini,
Ifunwa ngesidlova,
Onganikeli uyaqalekiswa, asongelwe,
Utshelwa ngokubi okuzomvelela,
Ungathi lisonto lento?
Ungathi abafundisi laba?
Abangamfuni uJesu?
Abamzondayo oshumayela ngoJesu?
Abakhonzana bodwa
Babizana ngamagama amakhulu,
Uzwe umuntu ethi: Thixo wami,
Omunye ethi: Nkosi yami,
Hehehe! Yimihlola lena!
Aze abe yiNkosi nje wabekwa ubani?
Nxa enguNkulunkulu wafela abangaki?
Wadala abangaki emhlabeni?
Njengoba eyisidalwa nje naye,
Cha siyabuka njalo,
Liyafa elikaJehova,
Libulawa zinceku zikaDrago
Inyoka emakhandakhanda,
Isela nomqambimanga,
Hamba sathane!
Ayikho indawo yakho lapha!
Uyokhohlisa abangalazi iqiniso.

23. Emaqwadasini

Kumuncu
Kuhle kwamasi amadala
Isimo simanzonzo kule nsizwa
Insizwa iphenduke umhambuma,
Idliwa amakhaza,
Ithoswa lilanga
Ikhanda liyaduma
Ihleka ubala
Ikhuluma yodwa,
Inkemane idla lubi,
Ikhalela emigqonyeni,
Kuyabangiswana,
Hawu! Kanti baningi!
Isihe asibonwa,
Yilowo nalowo uzamela isisu sakhe
O Nkosi yami,
Bahawukele naba abantu!
Bahlezi esigangeni,
Badla nezinja
Babanga nazo
Imiphefumulo yabo iyabubula
Yeswele ukuthula
Yeswele uxolo
Sale usubazwela Jehova,
Bathokoze nabo,
Bafane nabanye.

24. Ubuvila

Ekuseni kusa
Usuthethisa abantu
Usubheka isikhathi
Into engapheli
Kanti ubuzokwenzani lapha?
Wathi ufuna umsebenzi
Nakhu uwutholile
Pho okwani ukuvilapha?
Ubukhala mihla yonke
Ukhala ngokwentula umsebenzi
Ukhuleka kuJehova
UJehova wakuphendula
Namhlanje usudlala ngomsebenzi
Udlala ngegeja kuziliwe.

Ake uhlahlambe sisi
Vuka bhuti uzithathe
Thanda umsebenzi wakho
Njengoba nawe uzithanda
Yekela ukukhononda njalo
Yekela ubuvila
Yekela ukulwa namakhasimende
Chazela kahle abantu
Ungalwi nabo
Akusibo abathe yiba kulesi simo,
Nguwe owazikhethela
Sebenza uthole umvuzo
Umvuzo wokuzinikela
Uphathe kahle abantu
Nabo bazokuphatha kahle.

25. Mfundisi wami

Mhlonishwa,
Mgqugquzeli,
Mfundisi,
Ungibone ngiza
Ngingontantayo
Indlela ingabonakali
Ngibuka lufifi
Kumnyama kweyami ingqondo
Akaze ungilahle
Kunalokho ungibambe ngesandla
Isandla sakho esibanzi
Isandla sakho esiqeqeshekile
Wangidonsa, wangikhombisa indlela.

Namhlanje ngiyabona
Namhlanje ngikwazi ukuzihambela
Ngenxa yakho
Wangivula amehlo
Wangikhuthaza ngokubhala
Ngoba wawulibona ikhono lami
Wangikhuthaza ngokushicilela
Namhlanje ngingumbhali
Namhlanje ngingumshicileli
Namhlanje ngingumfundisi nami
Ngenxa yegalelo lakho
Igalelo elibanzi
Kweyami impumelelo
Ngiyaziqhenya ngawe
Inhliziyo yakho imnene
Inhliziyo yakho ayinamona
Sengathi uJehova angaba nawe
Akuhlenge,
Akuhlahlamelise,
Izindlela zakho zibe mhlophe qwa!
Ngithi unwele olude

Baba Magwaza
Yengwayo, Njinji, Manqondo, Mabhul'ubhense, Jubakhothama,
Mgabhi kaNtshona
Gwal' elihle,
Okwath' abanye bebaleka nezinkomo, labaleka nabafazi!

26. Izwe elisha

Sivela kude
Ezweni lobukhwebezane
Ezweni lobuntu
Ezweni lobumbano
Ezweni lesihe
Ezweni lokuthuthukisana
Abazi kakhulu bathi lelo lizwe
Liphansi kakhulu
Bathi yizwe labantu abangafundile.

Namhlanje sisezweni elisha,
Izwe lokuziphatha
Izwe lokuzenzela
Izwe lamakilabhu
Izwe lama-*Brazilian hair*
Izwe labazenzisayo
Intombi izenze engeyikho
Ifake izinwele engazazi
Yethuke uJehova
Ngoba ifuna uthando nobuhle
Ayiziboni ubuhle bayo.

Izwe elisha
Izwe lomntakabani
Izwe lomhlambi ozalusile
Izwe lamalungelo
Amalungelo anikwa izingane kuphela
Abadala bona benganawo
Izingane zishaya umthetho
Ingane ikhulela abazali bayo
Abazali baphenduke abantwana.

27. Awubuye umhlaba

Awubuye umhlaba wethu,
Umhlaba wobabamkhulu
Umhlaba esawabelwa uJehova
Wonke umuntu
Kukhona lapho abelwe khona
Thina sabelwa lapha
Thina sabekwa kuleli
UMdali wasabela lona leli.

Awubuye umhlaba
Esawuphiwa uJehova
Namhlanje sisele sinkemile
Sephucwe umhlaba wethu
Sephucwe ogalakajane
Sebeyaphika bathi abasephucanga
Bathi bafica umhlaba ongasetshenziswa muntu
Bona base bewusebenzisa
Base behlala,
Besho beqamba aluhlaza cwe!
Uphila kahle ekhanda
Ungaya emzini wenye indoda
Ubone indawo engasetshenziswa
Bese uzakhela kuyo?
Kuseyibo Ubuntu njalo lobo?
Akusikho ukuqhwaga lokho?

Awubuye umhlaba
Ubuyele kubanikazi
Iziqhwaga zibuyele kubo
Sisale ngokuthula
Sisale siziqhenya ngokwethu
Nihambe nobuqhwaga benu
Nihambe nenzondo yenu.

38

28. Ngiyazisa Jesu

Abantu abangaka!
Abathi bakhonza uJehova,
Kepha bengakwazi Wena,
Abanye bakhonzana bodwa
Babizana ngamagama amnandi
Uzwa bethi Nkosi,
Uzwa bethi baba,
Uzwa bethi Nkulunkulu wami
Indoda isho kwenye indoda
Ize ikhase phansi
Ikhasela enye indoda.

Nxa bethandaza
Babiza amagama amathathu,
ElikaYise, eleNdodana, nelikaMoya Ongcwele,
Kepha inkulumo nezenzo zisho okunye,
Bakhonza umuntu
Bakhohliwe Nguwe,
Ngisho noma izwi licacisa
Lithi Nguwe indlela neqiniso
Akekho ozoya kuJehova
Ngaphandle kwakho
Pho bazosizakala kanjani?
Bazoza kanjani kuwe?
Nxa bengakwazi?
Ngoba nawe uthi uzobaphika,
Phambi kukaYihlo?

29. Ukhwantalala

Ukhwantalala yinto ekhona
Akusiso isifo sabathile
Noma ubani singamhlasela
Ukhwantalala lwenziwa ukusindeka komuntu
Ukusindeka emqondweni
Singathi yingcindezi emqondweni
Lapho umuntu exakekile
Exakwa yizinkinga eziningi
Zimfikela ngesikhathi esisodwa
Abanye baxakwa umsebenzi
Lo msebenzi bese umhlanganyela
Nezinkinga zakhe zempilo
Bese liqhuma ibhomu
Isuke inkinga
Lapho usedinga usizo oluphuthumayo
Usedinga umeluleki wezengqondo
Usedinga udokotela namaphilisi.

Lesi sifo siyelapheka
Kuphela uma umuntu evuma ukuthi unenkinga
Ngakho bafundisi bezenkolo
Hlukanani nokushaya sengathi ayikho lento
Nitshela abantu ukuthi banamadimoni
Nibakhulekele kuphelele lapho
Akusiyo yonke into engeyomoya
Zikhona yebo izifo zomoya
Zikhona futhi nezenyama
Lezo azidingi umthandazo
Zidinga odokotela
Zidinga abeluleki bezengqondo,
Yimpilo yakwamhlaba injalo nje.

30. Ubumnandi

Impilo yobumnandi
Ithandwa uwonkewonke
Yintsha iyayithanda
Ilala khona, ivuke khona
Amanzi yizihlobo ezidukelene,
Ubona ngobuso obuvundile
Ubona ngokuhamba ukuthi cha konakele
Insizwa ayilalanga ekhaya
Intombi ayilalanga ekhaya
Idla ubusha bayo
Notshwala busina buzibethela esibindini.

Impilo yobumnandi ixakile
Amakhehla agijimela kuyo
Ogogo nabo yiso leso
Laba-ke bona sebenziwa yinhliziyo
Kayisekho indaba
Phela zazingekho lezi zinto ngesabo isikhathi
Bafuna ukuzidelisa bakithi nabo
Abafuni ukusala
Babangisana nezingane ema-*tavern*
Amakhehla athathela abafana izintombi
Ogogo baheha abafana
Nxa sekukhothiwe
Iminyaka ayisasho lutho,
Osekuhamba phambili ubumnandi
Inkinga iqala ekuseni,
Ikhehla selivukwa yi-*gout*
Isalukazi sesiqaqanjelwa amathambo
Kucace ukuthi ilanga selishonile
Kwazise asigugi namaxolo aso.

31. Onogada

Onogada bakithi
Abantu bakithi
Siyasebenza basiqaphile,
Sishayise emsebenzini
Basale beqaphile,
Silele bona babhekile, baqaphile.
Izinswelaboya ziyahlasela
Yibo abalimalayo,
Bahlukunyezwe, bashaywe nge-*donkey piri*
Babekezele, bavuke bazithathe.

Likhulu igalelo lenu bafowethu
Lihle liyabonakala
Konke enikwenzayo sikubhekile,
Yize ontaba kayikhonjwa bedlala ngani,
Beniholela imali engekho
Bethi zithengeleni izembatho zomsebenzi
Yize niqashiwe.

Likhulu igalelo lonogada
Yize abantu bengabahloniphi
Abangenayo ababingeleli
Bangena baqonde emahhovisi
Bezitshela ukuthi bayazi
Kanti kabazi
Bathi befika emahhovisi
Zifike zibaxake
Bajike babuyele konogada,
Lapho sebeyasibona isidingo sonogada
Ukuhlakanipha sekuphelile
Sekusele ubulima.

Yebo nogada wakithi
Udlala indima enkulu ezimbonini
Abeze kunhlolokhono baqala kuwe

42

Ulwazi baluthola kuwe esangweni
Ave ubalulekile nogada
Sengathi nabanye bangabona
Bayeke ukuzenza izihlakaniphi
Ekubeni kabazi lutho
Bahlakaniphe nganxanye okommese,
Abanye bazibona befundile
Kepha behlulwa ukuhlonipha abanye abantu
Behlulwa ukuhlonipha imisebenzi yabanye abantu,
Behlulwa ukufunda okubhalwe esangweni,
Bajikijeleke baqonde emahhovisi
Bafike bajike ngaphakathi
Babuyele kunogada
Lona ebebenganandaba naye.

32. Ndlu yakithi

Ndlu yakithi emnyama
Okwani ukwehluleka?
Owani umhobholo?
Owani umona?
Yini ujahe ukuceba?
Wehlulwa yini ukubekezela?
Kungani udicilela omunye phansi?
Awuboni ukuthi owakwenu lo muntu?
Awuboni ukuthi ligazi lakho leli?
Leli olidicilelayo
Leli ongaleseki
Leli ongalifiseli okuhle
Ucabanga ukuthi uyamlaya?
Phinde!
Uzilaya wena
Phela izandla ziyagezana
Umuntu ngumuntu ngabantu
Asibambisane ndlu yakithi!
Buka sehlulwa yizizwe
Zona zibambisene ziyesekana
Thina?

33. Hawu ntombazane!

Unjani uma unjena?
Ileti madoda!
Intokazi bakwethu!
Engazihloniphi kanjena
Eziphethe kabi
Enomlomo onuka phu!
Onuka inhlamba!
Ikhipha igama lika-nxa
Ikhipha amagama amabi
Amagama ethusayo
Amagama ashaqisayo
Bekuyini ukuthi sawubona baba
Bengicela ukubuza……….
Ukuthi kwenzeke kanjani?
Bese nxa uthola impendulo,
Uthi ngiyabonga baba sengicaciselekile,
Ukwedelela akusizi ntombazane
Ucabanga ukuthi uyacosha kubangani
Kanti uyalahla
Ulahla izibusiso
Ulahla abangani
Ulahla isithunzi sakho
Hhayi esalowo omdelelayo,
Yena akahlephuki ndawo
Kuphela kuhlephuka wena
Kuhlephuka Ubuntu kuwena
Kusale ubulwane kanye nobuhlathi
Ezasendle phela zihlala endle
Azihlali nabantu.

34. Lala ngoxolo

Lala ngoxolo ntombi
Lala ngoxolo ntokazi yakithi
Igalelo lakho libonakele
Libonakale nasekhay'elikhulu
Izindlela zakho zimhlophe
Zivutha amalangabi omlilo
Izitaladı ziyakhanya
Zikhanya okwegolide
Amasango avulekile
Avulekele wena
Ntokazi yezulu
Wamukelwa zingelosi
Zikwamukela ngemizwilili
Imizwilili yekhethelo
Wesulwa izinyembezi
Upholiswa amanxeba
Ufunzwa amagilebhisi,
Uju lwezinyosi,
Kanye nobisi,
Uhlezi endlini yekhethelo
Endlini yabanqobi
Abanqobi bakaJehova
Abanqoba ukufa
Bazuza ukuphila
Ukuphila okuphakade.

Halala ntombi!
Unqobile emhlabeni
Igama lakho lilotshiwe
Encwadini yokuphila
Usebenzile ntokazi yakithi
Ngokwamukela uJesu
OyiNkosi nomsindisi
Umsindisi wempilo yakho
Ngalokho wazuza ukuphila

Ukuphila okuphakade
Wanqoba ukufa
Wazuza impilo
Wazuza umqhele
Umqhele wokunqoba.

35. Siyaphi kanti bakwethu?

Izwe lethu madoda
Seliphenduke inhlekisa
Usuku nosuku yizigameko
Izigameko zokubulawa kwezingane
Zokubulawa kwabesifazane
Zokubulawa kothisha
Bebulawa yizingane zesikole
Kepha akwenziwa lutho
Okwenziwayo ukukhuluma nje kuphela
Kukhulunywa nabezindaba kuphele kanjalo
Ekukhulumeni singongqa-phambili
Izisombululo lutho.

Cha iyacika lento
Uthisha abulawe nje,
Kuphele kanjalo
Kuvikelwe ingane
Kazi kuseyingane yini?
Noma umgulukudu wesigebengu?
Nxa uthisha esephutheni
Yena uyaxoshwa
Ingane yona iyavikelwa,
Kanti leli lizwe liyaphi?
Siyaphi kanti ngempela?
Liphi iqiniso Hulumeni?
Imithetho yakho iyantenganteaga
Imithetho yakho igwegwile, ishaya eceleni
Ivuna izinswelaboya
Usho ukuthi awukuboni konke lokhu?

36. Uyazilobola?

Uyazilobola sisi?
Akakuloboli ngani ubhuti lona?
Uzozuzani ngokuzilobola?
Uyamthanda yebo,
Yena?
Nxa ekuthanda,
Akakuloboli ngani?
Uzozilobola bese?
Uma esekhetha omunye?
Uma esekushiya?

Indoda uma ikuthanda izozama
Ipaquze njengamanye amadoda
Noma ingasebenzi izozama,
Ukuzilobola akusizi
Ngoba uzodlala ngawe umfana
Angeke akuhloniphe,
Ingani akakujulukelanga,
Wakuthola bhamama
Wakuthola ulahlile
Vuka ntombi emaqandeni,
Kusemhlabeni lapha.

37. Exhibeni

Ngiyakhumbula exhibeni
Yazi kwakumnandi,
Sotha umlilo
Sosa ummbila
Sixoxelwa izinganekwane
Sidlala iziphicaphicwano
Sibeka amanzi okugeza ngekopi
Kumnandi sindawonye
Sihleke kuvele elomhlathi
Sincenge ugogo,
Simcele asixoxele izinganekwane,
Wayengafuni phela ukuzixoxa nsuku zonke
Wayethi izingane zakhe ziyasebenza esilungwini
Ngakho-ke akafuni ziphelelwe umsebenzi
Yize sasibona ukuthi siyakhohliswa
Nokho sasimncenga aze avume,
Uyothi angavuma
Simbone esefaka uluthi ekhanda
Nathi sifake izinti emakhanda,
Asixoxele size silale,
Ohhe! Yeka leyo minyaka!
Kwakumnandi bo!
Mhla ethandile ugogo
Wayevele esixoxele singamcelanga,
Kube mnandi nalapho,
O! Hamba minyaka,
Sala mlando.

38. Ngake ngavelelwa njalo

Ngangimncane bakithi,
Ukugula kuthi ngila,
Ngingalali ebusuku,
Nxa sekusukile
Kwakuvuka wonke umuntu
Kukhanyiswe ikhandlela
Ngihlaliswe, ngiduduzwe
Kuxoxwe, ngilalele
Kuyothi ngesikade
Ngizwe sebehonqa bonke
Sengisele ngedwa njalo
Yimi obhekile endlini,
Ngiyesaba ukucima ikhandlela,
Ngithule ngilalele,
Ngizwe okuhamba phandle
Okuhudula amaketango,
Hawu! Indangala phela lena
Abantu kanti banjani?
Ngizwe ubuhlofohlofo,
Kukhona ohambayo,
Kukhona ogubhayo
Ngithule ngikweqe amehlo
Ngizwe izigi futhi
Kuphinde kuthuleke
Ngesikade ngizwe kuthi yelele
Iqhawe selinginyonyobela
Ziye kakhulu.

Ekuseni sekusile
Ontanga baya esikoleni,
Mina kangiyi,
Sengahlala phansi phela,
Ngenxa yokugula,
Emini nginesizungu,
Nginomngani omusha,

51

Sikhanda izimoto zocingo,
Sishayela zona,
Sehla senyuka nazo,
Sithunywa ngazo,
Kumnandi indlela ayizwakali,
Sihamba noNkakha umngani wami,
Akekho owayesibona njengabantu,
Abaphilayo emakhanda,
Sasithathwa njengabantu abakhubazekile,
Ngokwengqondo
Yize kwakungenjalo,
Sasibukeleka phansi
Sithunywa noma yikuphi
Sehliswa senyuswa
Sibizwa yinoma ikanjani,
Kuvele kuthiwe: yeyi wena,
Woza lapha,
Gijima uye laphaya,
Usheshe *maan*!

Kwakumnandi kungemnandi kimi.
Ukuhlala ungayi esikoleni,
Isizungu singibambile,
Ngihambe nawo wonke umuntu,
Olovile esikoleni,
Ngangizula naye,
Ngaya kwaMbola,
Kumfulakazi wangakithi,
Siyodoba izinhlanzi
Sadoba sashweba,
Savele saqoma ukugeza,
Phela kumnandi ukugeza emfuleni,
Sageza kwamnandi,
Sabhixa insipho etsheni,
Kwagcina kuwumdlalo,
Umdlalo wokushibilika etsheni,
Abanye bakhetha ukungena edanyini,

52

Babhukuda.
Bashaya idadamu kwanjeyaya,
Hho! Mina ngimncane bantu!
Angeke ngingene phela,
Akungenwa kuleli damu,
Liyashona kakhulu,
Libanzi kakhulu,
Nangu umfana emuva kwami,
Uthi kimi angingene
Ngala ngaphetha
Ngomzuzwana nje
Ngezwa kuthi gxumbu!
Kanti sengiphakathi
Usengiphushile,
Yimi lowo ngiyakhala, ngiyamemeza,
Ngashona phansi naphezulu
Amanzi engintantisa
Kuhle kwephepha lintanta emanzini,
Kuhle komuntu ebhajadiswa
Ngagwiliza emanzini
Ngakhala ngaze ngathula
Ngagcina ngizinikelile ekufeni
Ngavuma ukuthi ngiyahamba manje
Ngiya ekhaya ezulwini
Ekugcineni bakithi
Ngezwa idwala phansi ezinyaweni,
Ngama kulo,
Ngabona izinkumbi zabantu,
Zizungeze idamu,
Abanye behayiza,
Abanye bebuzana ngami,
Ngesikade ngezwa umuntu ethi gxumbu!
Ngezwa umuntu engibamba engetshatha
Engiqukula ephuma nami,
Ngasinda kanjalo ekufeni
Ngambonga ngangaqeda uJehova
Kuze kube yinamuhla.

39. Ungcolile wena!

Ave ungcolile
Uyaloya pho?
Uhamba izinyanga
Uhambela abanye abantu
Udlala ngemali
Yona lena ongenayo
Uthi uyahlupheka
Kepha uzihluphekisa
Uthatha yona le yokugcina
Uthatha ezalayo kumashonisa
Ngoba uyofuna ikhubalo
Ikhubalo lokubhubhisa
Ubhubhise imiphefumulo engenacala,
Ngenxa yomona,
Ngenxa yobuvila,
Le mali ngabe uzisiza ngayo
Ukhetha ukubulala ngayo
Uyofikaphi nale nto?
Uhluphekisa inzalo yakho
Ave ungcolile wena,
Sikhohlakali ndini!
Uyofa ushunqa.

40. Mkhululi

O Jehova!
Ngiyabonga
Mkhululi wami
Ngqungqulu yeZulu
Wangikhulula emaketangweni
Wangithatha,
Wangibeka phezulu
Lapho babethi baqedile ngami
Wena wathi cha
Waphebeza konke okubi
Konke kwabuyela kubo
Abanikazi babo ububi
Ngiyabonga baba
Ungenze ngakubona empilweni yami
Ngiwabonile amandla akho
Ngiyawabona amandla akho
Izitha zibhincele nganxanye
Bezingibophele amanqina enyathi
Wena wangikhulula,
Umkhulu Jehova,
Udumo lukufanele,
Udumo lonke malube Kuwe.

41. Inhliziyo

Inhliziyo nguyena muntu
Inhliziyo yiyo engumuntu
Umuntu yinhliziyo
Umzimba umzimba
Umzimba yithempeli
Lapho kuhlala khona umuntu
Umuntu onguNhliziyo.

Inhliziyo ngumuntu
UJehova uhlala enhliziyweni
UJehova ubheka inhliziyo
Akabheki isiqu
Ubheka inhliziyo.

Inhliziyo yiyo enguwe
Yiyo eveza ubuwena
Inhliziyo yisiqholo sakho
Uma iyimbi
Ufana nempongo
Yona eneququ
Uphenduka umzondwa
Ube nesigcwagcwa
Ngenxa yenhliziyo yakho.

42. IZihlalo

IZihlalo zakithi
IZihlalo zemvelo
IZihlalo zendabuko
Kuzona kuhlala obaba-ngibone
Izinkomo zigudla iZihlalo
Izimbuzi zigudla iZihlalo
Abelusi bagudla iZihlalo
Lutho ukugibela phezulu
Akekho ohlala eZihlalo
Bonke baphelela ngezansi kweZihlalo.

Phezulu eZihlalo
Kuhlezi ubaba-ngibone
Inkalakatha yenkangala
Insizwa yohuntshu
Akuyi olubuyayo eZihlalo
Zahamba izintokazi ezimbili
Anyamalala amasistela
Ethi ayokhulekela imvula eZihlalo
Lutho ukubuya
Kunalokho kwagqunqa izulu
Lamnyama bhuqe
Kwashintsha umoya
Zenzeka izimanga
Kuze kube yinamuhla
Ababonwa,
Baphelela eZihlalo
EZihlalo zezimanga.

57

43. Sozimoshwali

Wenzani ngempela?
Uthe uzosiza umphakathi
Ngokuletha amakhaza eduze
Ze nxa beshonelwe
Ubasize ngokugcina abafi
Kodwa asikuboni lokho
Sibona umbulali
Sibona umqambi-manga
Uqamba amanga
Ubulala abantu
Bese uthi ubathole beshonile
Ngoba ufuna ukuvusa ibhizinisi lakho
Leli eliwayo
Liwiswa yiyo le mikhuba yakho
Imikhuba yokukhohlakala
Ujatshuliswa yimali yegazi
Imali yezinyembezi
Imali yobuqili
Liyabubula igazi labafi
Laba obabulele
Yingakho liwa nje leli bhizinisi lakho.

44. Noma ungasihushula

Noma ungasihushula,
Noma ungasikhipha,
Uyazikhohlisa nje,
Yimvelo lena,
Akuwona umdlalo,
Akulona iphupho
Impilo iliqiniso
Impilo iqinisile ngeyikho.

Ingane lena oyibulele
Ucabanga ukuthi ifile ngempela?
Lutho khohlwa!
Uyisuse phambi kwakho nje
Kepha iyaphila
Phela umuntu umphefumulo
Akusiyo inyama
Utshela abantu ukuthi awunayo ingane
Uqambe ushilo
Unayo,
Unazo,
Ziyaphila,
Zikulindile,
Ziyokubuza ngelinye ilanga
Uyozwa ngezwi lithi: wawungibulalelani?
Ukhohliswa uHulumeni,
UHulumeni akasiye uMdali,
Abantu nje basemhlabeni.

Liyeza ilanga
Lapho sonke siyophendula
Siyoziphendulela,
Phambi komhlengi wethu
KuJehova siyophendula
Akekho oyomelwa ngomunye
Imibuzo iyobe iqonde ngqo kumuntu

Abammeli bayobe bengekho
Izinkantolo ziyobe zingekho
Uhulumeni uyobe engekho
Kuyobe kungumuntu noMdali
Kubhekenwe ngqo
Kungasekho ukuhlehla endodeni
Insizwa iyobuzwa ngaleli jazi eligqokayo,
Iyobuzwa ngalesi sizwe esibulele,
Intombi iyobe ibuzwa ngalama philisi ewadlayo,
Iyobe ibuzwa ngale mijovo eyijovayo,
Iyobuzwa ngalesi sizwe esibulele,
Akusizi lokhu esikwenzayo,
Ucansi ngaphambi komshado aluvumelekile,
Ngakho-ke ijazi nokuhlela akukho emthethweni kaJehova.

45. Ibhodwe elivuthwayo

Exhibeni kwagogo,
Ngibona umlilo ovuthayo,
Ngibona ugogo evuthela,
Ngimbona ekhwezela izikhuni,
Ngibona ibhodwe eliseziko,
Libila, ligxabha,
Umlilo nawo kawuzibekile phansi,
Kuthi xho…xho… xho….
Usubona ngezinhlansi ziqhuma zibheka phezulu,
Kwazise akusiwo umlilo wamaphepha lona,
Umlilo wezinkuni zehlanze,
Izinkuni ezipheka ukudla kuvuthwe kuthi lushu,
Nompheki walo uyakwazi akwenzayo,
Ulipheka uzwe kuthi cosololo!
Uzwe kuvuka inhlansi yethemba,
Uzwe kuvuka ugqozi nofuqufuqu,
Usho ngenhliziyo, uthi nakhoke,
Ziyalunga izinto,
Ziyaguquka izimo,
Ibhodwe seliyavuthwa,
Intsha ivuke yazithatha,
Ivuke yazithintitha,
Yaqonda esikoleni,
Iyophekwa kuleli bhodwe,
Ibhodwe lakwaMfundo,
Ibhodwe elibondwa yizazi,
Izazi zolwazi,
Ulwazi oluvula izindlebe,
Kukhanye kuthi bha,
Kucace engqondweni,
Kuvuleke amehlo,
Amathuba avele obala,
Kuvuleke amabhizinisi,
Kuphele ukuthungatha umsebenzi,
Kwande ukuvulwa kwemisebenzi,

Kwande abaqashi,
Kwande abaqashwayo,
Sibonga umkhwezeli,
Sibonga umpheki,
Ngokusinika inhlansi yethemba,
Ngezwe lakithi elikhulukazi,
I-Afrika namaphethelo.

46. Imbewu Yesizwe

Ngibona imbewu,
Yehla ezulwini,
Yehlela emhlabeni,
Ngibona eyokuqala,
Iwela emhlabeni,
Emhlabeni omagade,
Ngiyibona ikhula kabuhlungu,
Amaloyi eyiminyanisa,
Ngibona imbewu yesibili,
Yehla ivela kwaZulu,
Iwela edwaleni,
Laphuma ilanga layishisa,
Yabhubha emini libalele,
Ngibona imbewu yesithathu,
Iwela emhlabathini,
Emhlabathini ovundileyo
Yamila, yakhula
Yathela izithelo
Izithelo zekusasa eliqhakazile
Yandisa imvundo
Yandisa ufuzo
Ufuzo lwakaNtu
Kwanda isizukulwane
Isizukulwane esisha,
Isizukulwane sekhethelo,
Isizukulwane sako- Afrika,
Ekhaya lemfudumalo,
Ekhaya lokhokho,
Ezweni lomnotho,
Umnotho wemfundiso,
Imfundiso yakomkhulu,
Elethe ukukhanya,
Elethe ikusasa,
Elethe ithemba,
Elethe ubumbano,

Elethe amaqhawe,
Sazalelwa abaholi,
Abaholi abakha isizwe,
Abafafaza imbewu yobunye,
Imbewu yobuntu,
Imbewu yesizwe,
Isizwe esisha,
Isizwe sikaMandela,
Isizwe sikaSobukwe
Isizwe sikaHani
Isizwe sikaWinnie Mandela
Amaqhawe namaqhawekazi akithi,
Avela njengembewu,
Imbewu engabuni,
Imbewu engashi,
Noma ilanga lingashisa kanjani,
Kepha yona kayishi,
Isekhona nanamhlanje,
Ayisoze yaphela.

47. Ithemba kalibulali

Ithemba kalibulali
Kepha liyaphilisa,
Amagwala athi kusinda ezakwaluvalo,
Amaqhawe athi sibindi uyabulala,
Sibindi uyaphilisa.
Hlala ethembeni wakwethu,
Uze ungalilahli ithemba,
Yilo phela impilo engunaphakade,
Ungakhohliswa uNokufa,
UNokufa lona kasimazi
Kuphela sazi uMdali,
Yena owasidalayo,
Yena owasinikeza impilo engunaphakade,
Lona oseqhamuka nokufa kasimazi nhlobo,
Eyokufa kasiyazi,
Kuphela sazi eyokuphila okuphakade,
Sazi ukuthi sizolala ubuthongo,
Siphenduke amathongo,
Wona alele ubuthongo,
Basebuthongweni bamathongo,
Nathi siyolala siphumule,
Asiyukufa nokufa,
Siyophendulwa izingelosi zakwaZulu,
Siphenduke abalele,
Kwazise siyobe sisekhaya lokuphumula.

48. Izivunguvungu

Izimvula ezinkulu
Izimvula ezinamandla,
Kudala zaqala ukunginetha,
Kudala ngiwelwa yizindlu zami,
Zithi nxa sezifikile
Kucace ekhaya
Zidiliza umthangala,
Zidiliza indlukazi,
Zidiliza indlwana,
Zidiliza umkhukhu,
Ngisale ngincela isithupha
Ngisale dengwane
Indlu yokulala ingasekho,
Ikhaya lingasekho,
Sekusele inxiwa
Inxiwa elingenamuntu,
Abakhona sebedliwe amanqe,
Amanqe akwaMhlaba,
Abhubhisa usana,
Abhubhise ixhegu,
Abhubhise insizwa,
Abhubhise intokazi,
Abhubhise umama,
Kusale kukhala ibhungane.

49. Thula ungakhali!

Namhlanje kubuhlungu,
Ngoba kubuhlungu,
Ubuhlungu buyaqaqamba,
Kweyakho inhliziyo,
Sihambile isithandwa sakho,
Hhayi ngoba sihambile,
Sintshontshwe lisela,
Isela lakwagoqanyawo,
Wasala udangele,
Wasala udliwa yiminjunju,
Ngithi thula dadewethu!
Luyeza olwakho usuku,
Usuku olukhulu,
Lokwesulwa izinyembezi,
Ngalelo langa uyoduduzwa nawe,
Uyothotshwa amanxeba,
Kuyophuma zonke izingelosi,
Ziphumela wena
Zizokududuza,
Lapho uyobe usuthokozile,
Uyobe utshakadula
Kuhle kwenkonyane,
Libona unina,
Duduzeka dadewethu!
Thula ungakhali!

50. Mbongi

Siyale mbongi.
Siyale siyaleke.
Sikhalime mbongi.
Izwi lakho libhonga kuzwakale,
Izwi lakho linamandla,
Amandla akho avela kophezulu,
Amandla akho avela ekhaya elikhulu,
Ekhaya lakwaMbongi.

Ngizwa kuvuka usinga,
Ngizwa izigi zakho,
Ngizwa kuvuka inhlansi yethemba,
Ngibona uvalo luphuma luqhasha lapha kimi.
Ngibona ugqozi lungena lugijima lapha kimi.
Ihaye le nkondlo mbongi ngilalele konke.
Ngiphethe usiba ngiyaloba,
Ngiloba konke okushoyo,
Ngikulobela isizwe sikaNdaba,
Isizwe sikaPhunga noMageba.

Printed in the United States
By Bookmasters